LE NOUVEL HOPITAL DE DUNKERQUE

Notice publiée par la Commission Administrative des Hospices

1910

...rque

Imp. Paul Michel

UN HOPITAL MODERNE

LE NOUVEL HOPITAL

DE

DUNKERQUE

Notice publiée par la Commission Administrative
des Hospices
1910

UN HOPITAL MODERNE

LE NOUVEL HOPITAL

DE

DUNKERQUE

CHAPITRE I

HISTORIQUE

Des lettres patentes du roi Louis XV données à Versailles en 1737 érigèrent en Hôpital Général un établissement fondé en 1690 par la Table des Pauvres de Dunkerque pour y recevoir les malades, blessés et infirmes que l'insuffisance de l'ancien Hôpital St-Julien, réorganisé en 1452 et administré par les Religieuses Pénitentes, ne permettait pas d'y secourir.

L'Hôpital Général de la Charité devait, aux termes de l'article 1er de ces lettres, recevoir « Tous les pauvres valides de l'un et l'autre sexe, enfants abandonnés, insensés, vagabonds, mendiants et filles de mauvaise vie de la ville et du territoire de Dunkerque ». Successivement agrandi par l'achat de propriétés particulières, il fut ainsi, durant tout le cours du XVIIIe siècle, le réceptacle de tous les déchets de la Société. Il contint jusqu'à 562 lits, entassés sans aucune hygiène dans d'étroits dortoirs. C'était à la fois une prison, maison de correction, asile d'aliénés, dépôt de mendicité, avec des infirmeries réservées aux malades.

Après la Révolution, réorganisé sur de nouvelles bases, il devint, à proprement parler, un Hôpital-Hospice tel que nous le concevons aujourd'hui, uniquement réservé aux malades, aux vieillards et aux incurables.

Mais l'installation en était fort primitive, les malades se trouvaient entassés dans des salles basses sans aucun confort ; aucun service d'isolement n'était réservé aux contagieux.

En 1844 on pratiqua une restauration générale des bâtiments, et on construisit une aile nouvelle qui donna un peu plus de place. C'était encore insuffisant. Au Conseil Municipal, en 1866, une Commission ayant comme rapporteur M. Constant Bourdon, conclut, en un rapport soigneusement étudié, à la création d'un Hospice spécialement réservé aux vieillards et incurables. Le principe de la séparation de l'Hôpital et de l'Hospice était définitivement adopté. Mais cette modification, faute de fonds, ne devait être effectuée que vingt-cinq ans plus tard.

Enfin, le 16 Juillet 1885, la Commission

Administrative décida définitivement la construction de l'Hospice. La Ville donna 510.000 fr. et le nouvel établissement s'éleva bientôt au milieu de vastes jardins appartenant à l'Administration Hospitalière, aux portes de Dunkerque, à l'entrée de la Commune de Rosendaël. Il fut inauguré en 1891.

Une partie des bâtiments de l'ancien Hôpital menaçait ruine. On fut bientôt obligé de les démolir, et les malades et blessés se trouvèrent logés tout aussi à l'étroit qu'auparavant. Au début du XXe siècle, Dunkerque n'avait pour tout hôpital que de vieilles bâtisses, formées de salles basses, blanchies à la chaux, dallées en carreaux de terre rouge, tout comme au temps de Louis XV.

On ne pouvait tolérer plus longtemps un pareil état de choses. L'Administration des Hospices possédait encore de vastes terrains, en face du nouvel établissement réservé aux vieillards. C'est là qu'elle résolut d'édifier un Hôpital moderne, dès qu'elle aurait à sa disposition les ressources nécessaires.

Fort heureusement, en 1902, une dame généreuse, Mme Angellier-Beck, eut l'admirable idée de faire don à la ville de Dunkerque d'une somme de 400.000 fr. pour faciliter la réalisation de l'œuvre projetée.

L'année suivante, le 18 Juillet, le gros œuvre était mis en adjudication publique. Deux mois aprés, les travaux furent commencés.

Bientôt, d'autres personnes charitables suivirent le bel exemple de Mme Angellier-Beck. M. Gustave Féron, Administrateur des Hospices, les héritiers Albert Cuenin et Désiré Gaspard firent des dons divers. En même temps, la ville de Dunkerque et le Gouvernement aidèrent, par des subventions importantes obtenues grâce aux démarches persévérantes de MM. Trystram, sénateur, et Guillain, député, les efforts de la Commission Administrative.

Au mois d'Août 1909, l'Hôpital était achevé ; le 30 du même mois, le public était admis à le visiter ; le 31, on y transférait les malades et blessés et le 1er Septembre, l'établissement fonctionnait régulièrement.

Nous ne devons pas oublier, avant de terminer cet historique, de rendre hommage à nos prédécesseurs : MM. les Vice-Présidents Féron, James et Fockenberghe, à nos anciens collègues MM. Hovelt et Chaveron, qui ont étudié les premiers plans et ont collaboré à leur exécution.

Nous tenons enfin à adresser nos sincères remerciements à MM. Maillard, Architecte, et Portevin, Ingénieur, qui ont mis à notre service toute leur science et leur dévouement.

CHAPITRE II

DESCRIPTION

En sortant de Dunkerque par la porte de Rosendaël, après avoir traversé des squares et rencontré une suite ininterrompue de jardins qui occupent la zone militaire sur laquelle aucune construction solide ne peut s'élever, en quelques minutes on arrive au nouvel Hôpital. Il se trouve là situé, aux confins de la zone, en face de l'Hospice, à l'est de la Ville, protégé des vents violents, au milieu d'une atmosphère riante de verdure et de soleil.

Un vaste pavillon, séparé de la route par de larges plates-bandes, attire seul les regards. Seul en effet il possède un étage. D'autres plus petits présentent leurs pignons au-dessus du rideau de verdure qui double la grille de clôture.

On ne se trouve pas ici en face d'une masse imposante de maçonnerie et l'ensemble ne frappe pas au premier abord.

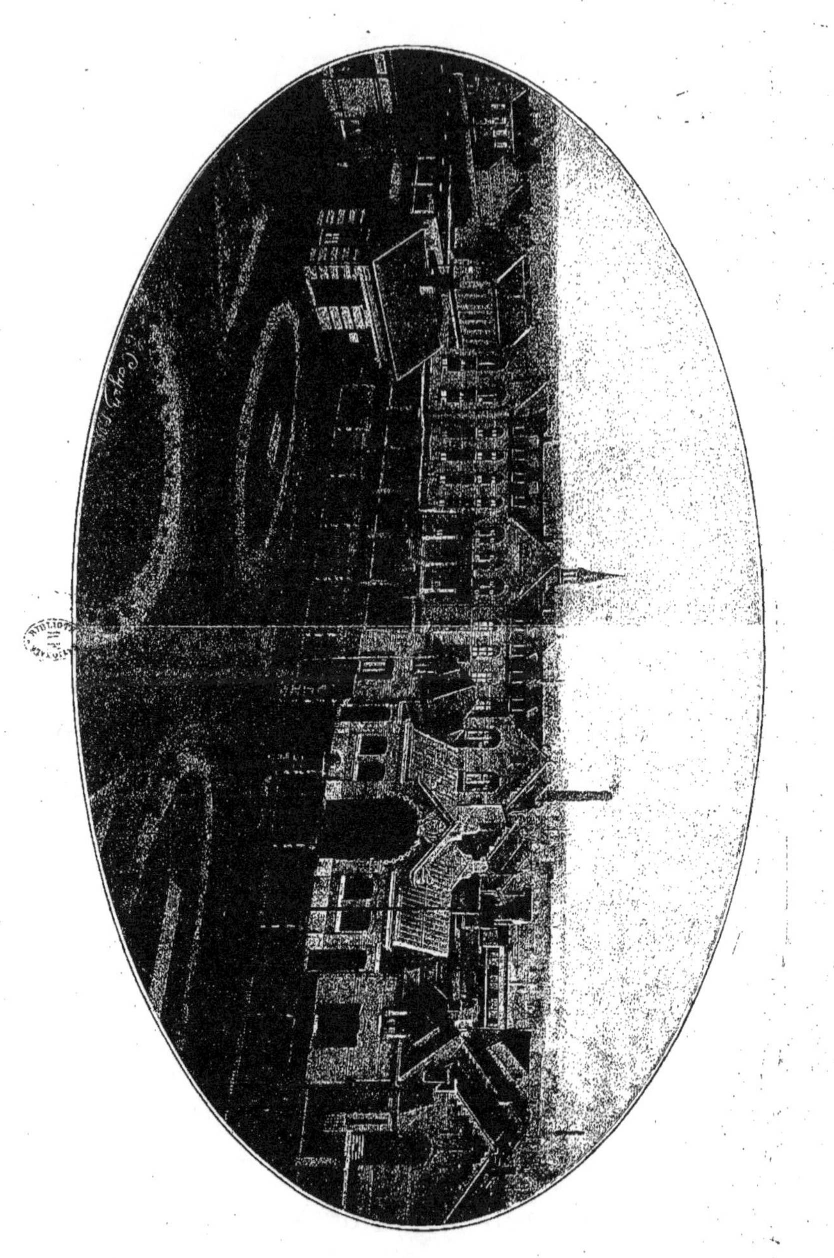

Quand on a franchi le hall d'entrée et laissé de côté le bâtiment principal réservé aux services administratifs, on se trouve de nouveau au milieu de jardins spacieux, dans lesquels sont alignés des pavillons d'égale hauteur reliés entre eux par un ensemble de galeries couvertes.

Plus loin une énorme cheminée attire les regards : c'est l'usine centrale de l'Hôpital. L'a-t-on dépassée, on se butte à une double grille qui isole d'autres pavillons semblables aux premiers. C'est l'Hôpital des Contagieux, dont l'entrée n'est permise qu'au personnel qui y est spécialement affecté.

En ces quelques mots nous avons donné une idée de l'économie générale du nouvel établissement.

Au lieu d'accumuler les malades dans d'énormes salles, ou sur plusieurs étages, ce qui évidemment économise le terrain,mais restreint le cube d'air affecté à chacun,les Administrateurs ont voulu au contraire leur donner le plus d'oxygène et de lumière possible. D'où le système des pavillons isolés qui permet de plus spécialiser chacun d'eux à une catégorie différente de blessés ou de malades.

Les contagieux sont complètement isolés, et

HALL D'ENTRÉE

nous verrons plus loin en détail comment on s'y est pris pour dédoubler ce service, une partie étant exclusivement réservée aux grandes épidémies (Choléra, Variole), l'autre servant aux maladies contagieuses courantes, Typhoïde, Scarlatine, Diphtérie, par exemple.

Enfin, l'usine est le cœur de l'Hôpital : elle lui fournit son chauffage à vapeur, l'éclairage électrique, l'eau chaude, l'air chaud ou froid dans les salles, livre sa vapeur aux services de désinfection et à la cuisine, et enfin contribue à l'évacuation des matières usées.

Après ce rapide regard d'ensemble nous allons décrire successivement chacune de ces différentes parties.

HALL D'ENTRÉE

En façade sur rue se trouvent deux pavillons à étage d'aspect semblable : l'un est la loge du Concierge-Chef, l'autre comprend, au rez-de-chaussée, deux salles de bains et un vestiaire pour les médecins, à l'étage le logement d'un interne.

Ces deux pavillons sont reliés entre eux par un vaste hall, recouvert d'une toiture vitrée et percé de six portes en fer forgé, dont deux grandes à la partie centrale pour le passage des voitures, deux petites, du côté du concierge, servent pour l'accès du public, et deux à l'autre extrémité forment une entrée réservée.

Des bancs sont disposés dans le hall, qui sert de salle d'attente. Sur la façade extérieure est forgée l'inscription « Hôpital de Dunkerque » ; au-dessus de la porte principale, un fronton sculpté porte les armes de l'Hôpital, le « Pélican », ancien emblème des institutions charitables de Dunkerque. La même sculpture se retrouve sur la façade intérieure.

Dans le hall sont apposées deux plaques de marbre. L'une rappelle la date d'ouverture de l'Hôpital :

CET HOPITAL
A ÉTÉ OUVERT AUX MALADES ET BLESSÉS
LE MARDI 1er SEPTEMBRE 1909.

M. Henri TERQUEM étant Maire de Dunkerque,

M. Isidore MONTEUUIS, Vice-Président,

MM. Jean TRYSTRAM fils, Emile FESQUET, Alfred DETRAUX, Alfred GRANDY et Ernest HAEUW, membres de la Commission Administrative.

Il a été construit sous la direction de MM. MAILLARD, Architecte, et PORTEVIN, Ingénieur.

Sur l'autre on lit cette inscription :

ADMINISTRATION

DES

HOSPICES CIVILS DE DUNKERQUE.

AUX VICTIMES DU DEVOIR.

NOMS ET PRÉNOMS	Fonctions	AGE, CIRCONSTANCES ET DATE DE LA MORT	Date de la délibération qui a prononcé l'inscription au Tableau
DAUCHY Henri-Louis	Infirmier	décédé le 15 Déc. 1892, à l'âge de 55 ans, en soignant des malades atteints de choléra.	12 Juin 1895
CORMONTAGNE Eugène-François	do	décédé le 21 Nov. 1878, à l'âge de 19 ans 1/2, en soignant des malades atteints de variole.	26 Juin 1895
DILLY Mathilde-Clémence Sœur Ste-Marie-Justine	Sœur Infirmière	décédée le 28 Fév. 1907, à l'âge de 42 ans, en soignant des malades atteints de variole.	2 Mars 1907
GRÉBERT Céline-Marie Sœur Ste-Marie-Eugène	do	décédée le 28 Fév. 1907, à l'âge de 31 ans, en soignant des malades atteints de variole.	2 Mars 1907

PAVILLON DES SERVICES ADMINISTRATIFS

Le pavillon des Services Administratifs, comme son nom l'indique, renferme les bureaux et la salle des délibérations de la Commission Administrative.

La façade est très sobrement décorée. Au-dessus de l'inscription « Hôpital de Dunkerque » se trouvent simplement les armes de la Ville.

Après avoir franchi le perron, on entre dans le vestibule d'honneur, où se font les séances publiques d'adjudications. A droite, la salle des Délibérations ornée d'un magnifique tableau d'Elias représentant les Administrateurs de l'Hôpital en 1724 ; à gauche un couloir, le cabinet du Directeur et les bureaux de la Direction, et au fond, le bureau du Receveur. Un réseau téléphonique relie les bureaux et la loge du concierge avec tous les services de l'Hôpital. L'escalier qu'on voit dans le vestibule mène aux appartements du Directeur.

Les ailes du bâtiment sont occupées, l'une par les locaux de la pharmacie (pharmacie proprement dite, laboratoire, tisanerie), l'autre par la Communauté (cabinet de travail et parloir de la Sœur supérieure, réfectoire et dortoirs). Au deuxième étage, se trouvent les chambres des filles de service et les greniers.

Derrière le bâtiment, et adossée à lui, s'élève une chapelle, édifiée par des dons particuliers.

SALLE DES DÉLIBÉRATIONS

LES ADMINISTRATEURS DE L'HOPITAL EN 1724
(Tableau de Mathieu Elias)

PAVILLONS DE MALADES

Symétriquement disposés sur deux files, par rapport à la ligne médiane où existe une grille qui sépare complètement les hommes des femmes, se trouvent les pavillons qui contiennent les salles de malades.

C'est ainsi que nous voyons : à droite sur une première ligne la Maternité, puis les Fiévreuses, sur une seconde les Tuberculeuses et la Chirurgie. Ces quatre pavillons portent le nom de Mme Angellier-Beck, en reconnaissance du don qu'elle a fait à l'Hôpital.

A gauche vient ensuite le service des blessés (Pavillon Isidore Monteuuis), puis sur la deuxième ligne les tuberculeux (Pavillon Gustave Féron) et les fiévreux (Pavillon Désiré Gaspard). Inutile d'ajouter que l'isolement entre ces bâtiments est parfait, que les fiévreuses n'ont aucun accès à la maternité et que la séparation de la chirurgie d'avec les salles de tuberculeuses est complète.

On remarquera que les services chirurgicaux occupent les lignes centrales. Ils sont reliés, par un couloir complètement vitré et chauffé, aux salles d'opérations (Pavillon Cuenin) qui occupent le centre de l'Hôpital.

Les Pavillons de Tuberculeux sont pourvus d'une vérandah, ouverte ou fermée à volonté, de façon à pouvoir soumettre les malades à la cure d'air.

Le Pavillon de Chirurgie (Hommes) possède de plus comme annexe une vérandah où les blessés peuvent fumer, sans inconvénient pour les autres.

En dehors de ces particularités tous les pavillons se ressemblent comme dispositions générales.

Il nous suffira donc de faire la description d'un seul pour donner une idée des salles de malades de l'Hôpital.

A. — *Extérieur.*

Aucun pavillon n'a d'étage. Ils sont tous uniformément construits en briques jaunes et rouges, formant un ensemble agréable à l'œil.

Comme la nappe aquifère se trouve à Rosendaël à une très faible profondeur, il a été nécessaire de les surélever et de les construire sur une base étanche, afin d'éviter toute humidité.

Un trottoir de béton d'un mètre de largeur environ les entoure de tous côtés. On accède

COUR INTERIEURE. — SALLES D'OPÉRATIONS

aux salles soit par des escaliers de quatre marches, soit par des plans inclinés qui permettent de transporter les malades sur brancards avec la plus grande facilité.

Ils sont orientés du Nord au Sud, et pourvus de fenêtres sur les deux faces Est et Ouest.

Enfin à leur extrémité Sud, une galerie couverte les relie tous à la cuisine. Les chariots à vivres, complètement fermés et munis d'un système de chauffage, permettent de distribuer très rapidement les repas aux différentes salles de malades.

Aménagement intérieur.

Les pavillons sont aménagés de façon à pouvoir recevoir les malades en salles communes ou en chambres particulières. Ces dernières se divisent en deux catégories ; les unes sont réservées aux malades payants, les autres reçoivent les malades ou blessés qui pour cause d'agitation, infection, etc., ne peuvent être admis dans les salles communes.

De plus chaque pavillon possède tout un organisme central qui fait qu'il représente un petit hôpital autonome à lui tout seul.

Il comprend : une tisanerie, un réfectoire, le logement de la surveillante, et, suivant le service médical ou chirurgical, une salle de pansement, ou de gynécologie, ou une salle de repos.

La tisanerie. — Dans la tisanerie est installée une cuisine au gaz, qui sert à réchauffer le lait, les tisanes, etc.

Une trémie ménagée dans le mur permet d'y jeter tous les linges sales qui sont repris ensuite de l'extérieur par un chariot fermé pour être envoyés à la désinfection et à la buanderie.

Le *réfectoire* où se rendent les malades valides, est garni de tables de marbre blanc, facilement lavables et de sièges métalliques aseptiques.

Les *salles de pansements* possèdent des armoires de chêne pour les pansements de réserve, une table à pansement ou à spéculum, un lavabo aseptique, des cuvettes sur pied, un guéridon en fer laqué, etc.

Enfin ajoutons, pour être complet, une salle de bains, avec eau froide et chaude. Les baignoires sont montées sur roulettes et se déplacent très facilement, pour être conduites au besoin auprès du lit d'un malade gravement atteint.

Ceci dit, arrivons à la description des salles.

Les *salles communes* qui sont en communication directe avec les annexes dont nous venons de parler sont toutes bâties sur un type uniforme.

Elles ont de vastes proportions :

Leur largeur est uniformément de 8m40, leur hauteur de 5m25.

Les plafonds sont légèrement arrondis en forme de dôme, ce qui a permis d'éviter tout angle dans les parties supérieures.

Elles prennent jour de deux côtés.

L'Administration s'est attachée à leur fournir une installation aussi hygiénique que possible. Tous les angles ont de même été arrondis de façon à éviter l'accumulation des poussières.

Les parois revêtues de plusieurs couches d'enduit spécial sont peintes en ripolin de teinte douce légèrement verdâtre ; une frise court le long des murailles et leur donne un aspect agréable.

Le sol est recouvert de carreaux céramiques qui permettent de fréquents lavages à grande eau.

Le mobilier comprend au centre un buffet de chêne avec dessus de marbre, et monté sur pieds, où sont rangés tous les objets de service courant.

Les lits entièrement métalliques, dernière création de la maison Aman-Vigié, de Marseille, sont pourvus de sommiers iso-élastiques formés de lames d'acier rendues solidaires dans leur centre par un chaînage articulé et qui prennent automatiquement une courbure douce qui n'expose pas les malades à glisser vers le bord du lit.

Ils reposent sur des socles de verre qui empêchent, lors des lavages du sol, la production de rouille sur la céramique.

Les tables de nuit en métal bronzé sont entièrement démontables et stérilisables.

Nous ne parlerons pas des différents appareils spéciaux (lits à élévation, lits pour gâteux, etc.) dont la description nous entraînerait trop loin.

Chaque salle a ses dépendances : une porte ménagée dans un angle, donne accès aux lavabos des malades, qui sont en porcelaine avec eau chaude et froide, puis aux W. C. à chasse d'eau automatique, et aux vidoirs par où sont évacuées les eaux sales qui vont aux fosses septiques.

Toutes les salles sont chauffées par des radiateurs (vapeur à basse pression). Elles sont éclairées à l'électricité ; la nuit, des veilleuses électriques encastrées dans les murailles et recouvertes d'un verre dépoli donnent une lumière suffisante pour qu'on puisse se diriger dans les salles ou y exercer une surveillance efficace.

Des bouches d'air ménagées dans les cloisons amènent, les unes de l'air chaud, les autres de l'air froid, préalablement filtré sur une trémie garnie de flanelle. On peut ainsi régler très facilement l'aération et la température des salles, suivant la saison.

Toutes ces salles contiennent un nombre restreint de lits : on a préféré aux salles immenses de jadis, des petites salles de six, huit, dix ou douze lits qui permettent de répartir les malades en séries ou de donner aux salles des affectations spéciales.

Les chambres de payants sont situées à l'extrémité Nord de chaque pavillon. Ce sont des salles d'une fenêtre, munies d'un mobilier aseptique confortable, avec chaleur, lumière électrique, etc.

A chaque groupe de deux salles est annexée une salle de bains avec baignoire fixe en porcelaine et chauffe-linge, et un W. C. complètement isolé des salles communes par une porte de séparation.

Les chambres d'isolement ont la même disposition mais sont placées à l'autre extrémité du service.

Toute facilité est laissée aux malades pour sortir dans les jardins qui leur sont affectés, ou se promener en cas de mauvais temps dans les galeries couvertes.

SALLES D'OPÉRATIONS

Le Pavillon Cuenin, placé au centre de l'Hôpital entre les deux services de chirurgie, et communiquant, comme nous l'avons dit, avec eux par des galeries fermées et chauffées, renferme les salles d'opérations et les services de stérilisation des pansements et de radiographie.

La disposition est la suivante : en entrant on trouve à gauche la radiographie, à droite la salle d'anesthésie, puis le couloir mène à droite à la salle d'opérations aseptiques, à gauche à la salle d'opérations septiques. Entre ces deux dernières se trouve la salle de stérilisation.

Nous commencerons par la description de cette dernière.

Phot. Nydegger.

SALLE DE STÉRILISATION

(Installation de la Maison Rongier)

La stérilisation de l'eau et du matériel de pansement est encore faite ici par la vapeur.

Mieux que toute description, la planche que nous donnons permettra de se rendre compte de la disposition des appareils. Ce sont :

1° Trois grands autoclaves horizontaux pour la stérilisation à 134°, sous pression de trois atmosphères, du matériel de pansement ; une trompe à eau permettant de faire le vide à la fin de l'opération et d'avoir de l'ouate et des compresses absolument sèches.

2° Deux récipients permettant de stériliser 150 litres d'eau et de l'avoir froide ou chaude au cours de l'opération.

3° Un chauffe-linge.

4° Une étuve Poupinel au gaz pour les instruments.

Enfin, un vidoir de grès avec chasse d'eau et un lavabo à eau stérile complètent cette installation fournie par la maison Rongier de Paris, qui donne toute satisfaction aux chirurgiens.

Les deux salles d'opérations sont identiques.

Orientées vers le Nord, elles reçoivent de ce côté la lumière par de vastes baies ; un plafond vitré fournit de plus un éclairage vertical excellent.

Plus que partout ailleurs, on a pris soin d'éviter les angles ; la surface des murs, des portes, etc., ne présente aucune moulure, aucune aspérité.

La nuit, l'éclairage est fourni par de fortes lampes électriques à filaments métalliques fixes, et un projecteur mobile dans tous les sens.

Les lavabos fixés au mur reçoivent à volonté l'eau stérilisée froide ou chaude. Tous les robinets sont commandés par une pédale. Un dispositif permet d'envoyer dans la tuyauterie et dans les lavabos un jet de vapeur surchauffée avant d'y faire circuler l'eau. Aucune contamination de cette dernière n'est donc possible. Tout le matériel (tables d'opérations, cuvettes sur pied, laveurs roulants, guéridons à instruments, etc.) est en métal laqué. Chaque salle possède le sien propre, avec des marques distinctives qui empêchent toute confusion.

Dans la salle d'Anesthésie se trouvent les vitrines à instruments et accessoires indispensables.

Enfin le service de radiographie fonctionne sur les accumulateurs de la machinerie. Il

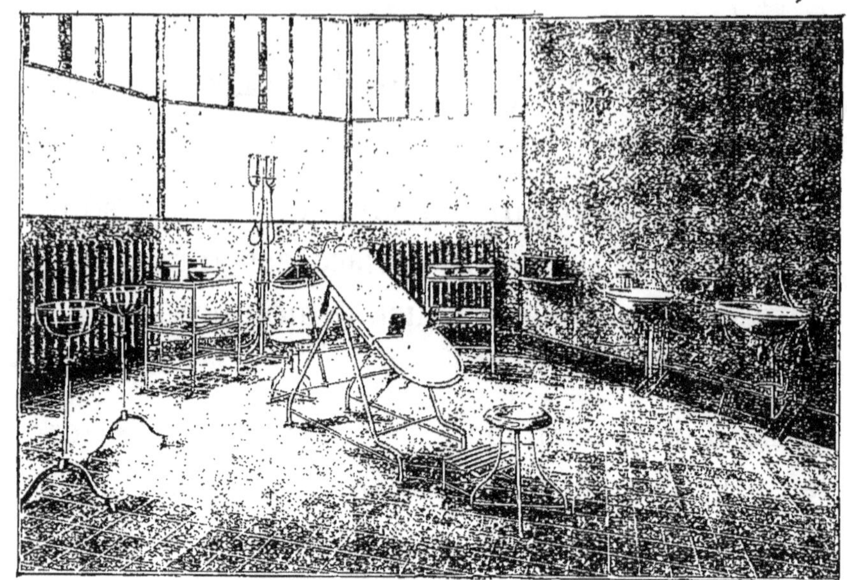

SALLE D'OPÉRATIONS ASEPTIQUES

Phot. Nydegger.

SALLE D'OPÉRATIONS SEPTIQUES

(Installations de la Maison RONGIER)

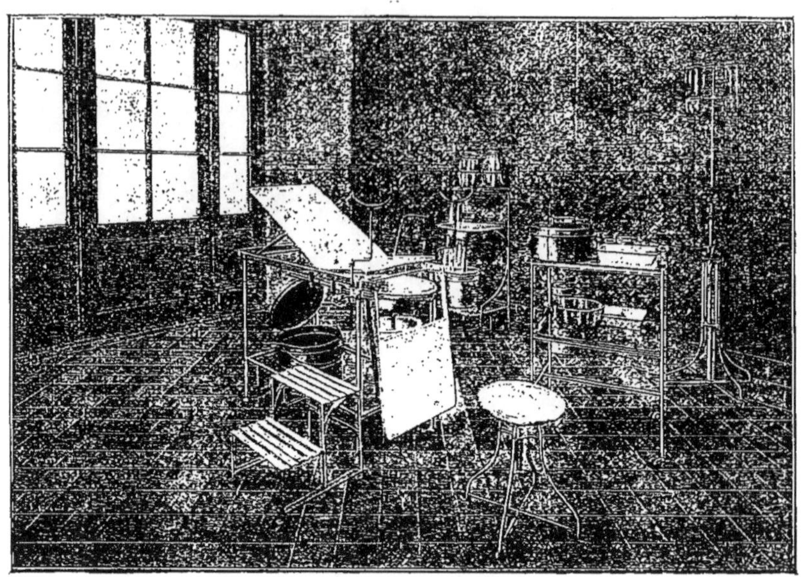

SERVICE DE CHIRURGIE (FEMMES)

SALLE DE PANSEMENTS GYNÉCOLOGIQUES

Phot, Nydegger.

MATERNITÉ. — SALLE DE TRAVAIL

(Installations de la Maison Rongier)

possède une installation complète pour radiographie et radioscopie.

LA MATERNITÉ

Le Pavillon de la Maternité nécessite une description spéciale. Comme dans tous les autres services, il existe ici des chambres de payantes, d'isolées et des salles communes.

Nous n'insisterons pas sur les parties telles que tisanerie, salles de bains, lavabos, etc., qui sont les mêmes que dans les autres parties de l'Hôpital.

La division du service est tout autre : il est partagée en deux sections, la première réservée aux femmes enceintes, l'autre aux accouchées.

La salle de travail spacieuse, aérée et très bien éclairée, possède une installation permettant de stériliser à toute heure, par le gaz, une quantité d'eau suffisante. Deux lits d'accouchement, dont un spécialement disposé pour les applications de forceps, en occupent le milieu.

Enfin, elle est pourvue de tout le mobilier chirurgical et de l'instrumentation particulière à l'art obstétrical.

Dans la salle des accouchées comportant douze lits et autant de berceaux, on remarque une couveuse Lion, pour les nouveau-nés prématurés.

Plus loin les chambres d'isolement sont affectées aux femmes atteintes d'infection ou simplement suspectes. Une petite salle d'opérations sert pour les interventions courantes.

Cette Maternité pourra longtemps suffire aux besoins de la population dunkerquoise. Il y a vingt ans à peine, trente femmes par an accouchaient à l'Hôpital ; dans ces dernières années, le vieil hôpital de Dunkerque en reçut une moyenne de 120. Depuis que le nouvel établissement est en fonctionnement, ce chiffre est de beaucoup dépassé, malgré l'éloignement qui aurait pu constituer un obstacle.

SERVICE DES CONTAGIEUX

Les Pavillons de Contagieux portent le nom de notre dévoué Sénateur Jean Trystram, qui a toujours montré pour notre œuvre une grande sollicitude et lui a fait obtenir des subsides importants du Gouvernement.

Ils sont divisés en deux parties bien distinctes.

UNE SALLE DE MALADES (MATERNITÉ)

La première, Hôpital des Contagieux ordinaires, reçoit des maladies telles que scarlatine, rougeole, diphtérie, etc., en chambres isolées.

La seconde, complètement séparée par une clôture, est réservée aux grandes maladies épidémiques, peste, choléra, variole. C'est donc un véritable lazaret de terre.

On l'appelle communément Pavillon des Varioleux.

Les Contagieux sont divisés en deux ailes séparées par un jardin, femmes à droite, hommes à gauche; de chaque côté, donnant sur un couloir orienté vers l'Ouest, se trouvent quatre chambres à trois lits, avec leurs dépendances : lavabos, tisanerie, chambres pour le personnel, W. C., etc.

Au point de vue de l'alimentation, la nourriture est encore fournie par la cuisine de l'Hôpital. Mais le personnel infirmier lui est tout à fait propre.

Les Varioleux, au contraire, sont absolument isolés. La consigne est sévère ; le personnel en contact avec les malades y est véritablement cloîtré et ne peut communiquer avec le reste de l'Hôpital sous aucun prétexte : aussi a-t-on été obligé de créer une cuisine, une pharmacie, un laboratoire microbiologique, une petite salle d'opérations, une chambre d'interne, en un mot de lui fournir une organisation telle qu'il puisse se suffire à lui-même.

Le médecin quitte ses vêtements à l'entrée, et, après avoir pris un bain dans une cabine isolée, les reprend dans un tour à la fin de sa visite.

Tout ce qui doit être apporté du dehors est également déposé dans un tour.

Ce pavillon contient deux chambres d'isolement pour les hommes, autant pour les femmes, deux grandes salles (voûtes Tollet) de quatorze lits chacune, et deux salles dites salles de repos qui peuvent également servir de réfectoires. La création d'un tel service s'imposait à Dunkerque qui a si souvent été éprouvé par les épidémies de choléra au XIXe siècle, et qui est toujours exposé aux grandes maladies exotiques, en raison de l'augmentation du trafic de son port et de la création de grandes lignes venant de l'Extrême-Orient.

PAVILLON D'OBSERVATION

Le pavillon d'observation est adossé au mur de clôture Est de l'Hôpital et tout à fait isolé. Il reçoit :

CONTAGIEUX (Pavillons Jean Trystram)

1° Les personnes suspectes d'aliénation mentale envoyées par l'autorité administrative.

2° Les cas douteux de contagion, en attendant la confirmation du diagnostic.

3° Les prisonniers (prévenus ou condamnés) atteints de maladies graves.

Le pavillon a deux entrées (une pour les hommes, une pour les femmes), qui mènent à deux couloirs. Chaque couloir donne accès à trois chambres à un lit, dont une est réservée pour l'infirmier ou l'infirmière. Il y a, comme dans tous les autres services, tisanerie, salle de bains, lavabos, W. C. et vidoir.

DÉSINFECTION

L'Hôpital possède un service complet de désinfection pour les linges, literies, vêtements de malades, etc.

Un Pavillon situé dans l'enceinte des services de contagieux est divisé en deux parties, l'une dite infectée, l'autre désinfectée.

Dans le mur qui les sépare se trouve encastrée une étuve Geneste et Herscher de grand modèle, fonctionnant soit à la vapeur d'eau sous pression, soit au formol.

On procède de la façon suivante :

Le préposé à la désinfection quitte ses vêtements et revêt un costume spécial, sorte de scaphandre en grosse toile qui le protège efficacement.

Il prend dans la salle infectée les linges, matelas, etc., qui doivent passer à l'étuve et les place *avec ses propres vêtements* sur le chariot de celle-ci, puis il ferme hermétiquement l'étuve et fait fonctionner l'appareil ; un manomètre enregistreur indique si la pression voulue a été atteinte. Cela fait, il prend un bain-douche dans une cabine spéciale, y trouve un costume de rechange et se rend de l'autre côté dans la salle désinfectée. Il peut alors ouvrir l'étuve et reprendre les objets aseptisés.

L'appareil est assez vaste pour qu'on puisse y désinfecter un lit complet avec sa literie (ou quatre matelas).

Enfin dans le même local, une chambre close de toutes parts permet la désinfection en surface par les vapeurs de formol ou les gaz sulfureux.

Les salles qui ont reçu les malades contagieux sont désinfectées après occlusion complète des portes et fenêtres par un formolateur portatif suivant le procédé généralement employé en France. Le gaz pénètre par le trou de la serrure.

VERANDAH DES BLESSES

Grâce à ces précautions strictement observées, on n'aura à déplorer aucun cas de contagion extérieure.

MORGUE. — SALLE D'AUTOPSIE

Au fond de l'Hôpital, près d'une porte de sortie spéciale, se trouve la Morgue, garnie de cinq tables de marbre noir, avec lavabo et ventilateur à fonctionnement constant.

Une salle d'autopsie y est annexée. Elle possède des lavabos à eau chaude et froide, vidoir en grès, etc., en un mot une installation qui facilite beaucoup les recherches scientifiques ou médico-légales.

Enfin une salle réservée aux familles leur permet de recevoir décemment leurs proches et amis et d'attendre l'heure des convois funèbres.

VESTIAIRE

Le vestiaire comporte deux grandes salles (hommes et femmes) dont les murs sont garnis de larges casiers numérotés pouvant recevoir les vêtements, linges et chaussures des hospitalisés après leur désinfection, qui est pratiquée dès l'entrée.

LA MACHINERIE

La Machinerie est, avons-nous écrit au début, le cœur de l'Hôpital : cet important organisme central lui fournit en effet air chaud, air froid, eau chaude, lumière électrique, vapeur pour la cuisine, la stérilisation de l'eau, la désinfection, etc.

Pour répondre à ces indications multiples, il a fallu installer une véritable usine : elle porte le nom de PAVILLON HENRI TERQUEM.

Trois générateurs De Naeyer multi-tubulaires, présentant chacun 36 mètres carrés de surface de chauffe, fournissent la vapeur à douze kilogs de pression, des détendeurs permettent de la distribuer dans les différents services à une pression voulue. Normalement, les trois générateurs ne fonctionnent pas simultanément. En hiver, ou plutôt pendant sept mois, deux générateurs sont en pression ; pendant les cinq autres mois, un seul suffit.

La consommation annuelle de charbon est de 1.000 à 1.200 tonnes.

Un économiseur permet de la réduire au minimum. Pour éviter la dispersion des fumées dans l'intérieur de l'Hôpital, une cheminée de vingt-cinq mètres a été construite.

SALLE DES MACHINES

Une machine Delaunay Belleville de 55 chevaux actionne une dynamo de 200 ampères sous 160 volts. De plus, un groupe de secours de 61 accumulateurs Tudor fournit l'électricité pendant les arrêts de la machine.

Enfermé dans une cage de verre, un ventilateur rotatif actionné par une machine Westinghouse, engouffre dans des caniveaux de l'air froid, préalablement filtré par une trémie garnie de flanelle et produit ainsi une circulation d'air pur dans les salles.

Enfin un compresseur d'air fonctionne continuellement : il sert à évacuer les matières usées sur les fosses septiques.

La vapeur est renvoyée dans les radiateurs à basse pression pour le chauffage des salles, à 3 kilogs à l'étuve à désinfection, à 0 k 500 à la cuisine, enfin à 3 kilogs à la salle de stérilisation de l'eau et des pansements.

Le Mécanicien possède un atelier avec forge, tour, machine à percer, pour lui permettre d'exécuter rapidement toutes les réparations urgentes.

CUISINE A VAPEUR

Il est reconnu aujourd'hui que, dans les installations culinaires pour la préparation des aliments par grande quantité, l'emploi de la vapeur provenant d'un générateur unique, pour le chauffage des divers appareils (cuisine et laveries) présente de multiples avantages et surpasse de beaucoup toutes les autres méthodes.

C'est ce qui a conduit la Commission Administrative a adopter un système à la fois très simple, très économique et susceptible de satisfaire à toutes les exigences.

On peut signaler, entre autres avantages de ce système :

1° L'extrême modicité des frais d'exploitation, ce qui amortit rapidement la dépense de première installation ;

2° La radiation très restreinte de la chaleur et, par suite, le surchauffage du local de cuisine presque nul ;

3° L'utilisation complète des buées produites pendant la cuisson pour la production de l'eau chaude employée dans les services accessoires ;

4° Un fonctionnement très simple, presque automatique et d'une sécurité absolue ;

5° Enfin, une propreté parfaite, conséquence de la manutention très réduite.

La vapeur nécessaire provient d'un générateur à haute pression servant, en même temps, au chauffage des locaux occupés par les malades et le personnel, à la buanderie mécanique, à la production de l'eau chaude pour le service des bains, à l'obtention de la force motrice pour l'éclairage ou autres services.

Pour le cas particulier des cuisines, cette vapeur à haute pression est détendue à une pression pouvant varier de 300 à 500 grammes.

L'ensemble de l'installation est établie en vue de la préparation des aliments pour 400 personnes (malades et personnel de service).

Nous avons admis que le service de la cuisine devait comporter normalement : la confection des soupes, la cuisson des légumes, la cuisson du lait, la préparation du café, la confection des ragoûts et fritures.

L'installation qui a été faite par la Compagnie des forges d'Audincourt (Doubs) comprend :

Une Marmite à vapeur et Bain-marie combinés de 300 litres.

Deux Marmites semblables de 200 litres.

Une » » 100 litres.

Une Marmite de 150 litres avec intérieur en nickel pur pour la cuisson du lait.

Deux Marmites basculantes de 50 et 30 litres en nickel pour la préparation des petites portions.

Un Percolateur à deux filtres pour la préparation du café.

Un Fourneau à feu nu.

Une Rôtissoire à feu nu.

Un Bain-marie à compartiments pour réchauffer les tisanes.

Une Armoire chaude.

Une Laverie pour légumes.

Une Laverie pour vaisselle.

DESCRIPTION DES APPAREILS

Marmites. — Dans ces appareils, la cuisson se faisant sous pression et en vase clos, est excessivement régulière et simultanée pour tout le contenu, ce qui donne des mets d'une saveur délicieuse et éminemment nutritifs.

Le chauffage rationnel et intensif du fond et des doubles parois empêche les aliments de s'y attacher, tout en réduisant la durée de la cuisson au minimum. De plus, l'emploi facultatif de la vapeur ou du bain-marie permet de préparer des aliments de nature diverse et de les conserver très longtemps chauds, sans qu'ils perdent leur saveur ou leur valeur nutritive.

Les couvercles étant fermés hermétiquement, la première ébullition peut être obtenue en employant la vapeur directe ; en 15 ou 20 minutes, la pression intérieure arrive à sa limite et la buée produite s'échappe automatiquement par une soupape et se rend dans le serpentin du réservoir d'eau chaude desservant les laveries. On évite ainsi le dégagement des buées dans la salle pendant la cuisson, et la chaleur qu'elles emportent est récupérée pour le chauffage de l'eau.

Par la simple manœuvre d'une manette, on peut ensuite continuer la cuisson par bain-marie à une allure modérée.

Les marmites à vapeur installées sont d'un aspect très agréable : elles reposent sur un pied circulaire en fonte et sont entourées sur toute la hauteur d'un isolant recouvert d'une tôle laquée.

Elles sont fixes et non basculantes, ce dernier système présentant trop d'inconvénients, surtout le danger de projection de liquide bouillant, par suite d'une fausse manœuvre.

Un des grands avantages de cette installation, c'est que tous les organes ou parois en contact avec les aliments sont inoxydables. La marmite à lait est garnie intérieurement en nickel pur et comporte un dispositif en même métal pour empêcher le lait de déborder à l'ébullition.

La marmite à légumes est, en outre, munie de paniers-tamis afin de faciliter la reprise du contenu après la cuisson.

Petites Portions. — Pour la préparation de petites quantités d'aliments, ou pour infusions spéciales (thés, tisanes, etc.) et afin d'éviter de mettre en fonctionnement une marmite de 100 ou 200 litres, l'installation comporte deux petites marmites de capacités respectives de 50 et 30 litres ; elles sont en nickel pur montées côte à côte, sur un socle en tôle laquée et décorée dans le genre des enveloppes des grosses marmites.

Percolateur. — Cet appareil se compose de deux récipients séparés : dans l'un, l'eau est portée à l'ébullition, dans l'autre se prépare le café ; cette dernière opération s'obtient en faisant jaillir automatiquement l'eau bouillante sur le café moulu. En l'obligeant à passer par toute la masse de celui-ci, l'on obtient l'extraction complète des matières utiles qu'il contient.

Le café, une fois préparé, se conserve très longtemps, sans rien perdre de son arome ni de son goût délicieux. Les niveaux d'eau et de café sont indiqués à tout instant sur deux échelles graduées.

Fourneau à feu nu. — Cet appareil est destiné à la préparation de quelques mets spéciaux et de la pâtisserie. Il comporte un four à rôtir, un four à réchauffer, un bouilleur pour l'eau chaude. Les parois extérieures sont vernies, les portes équilibrées et à double paroi isolante.

Rôtissoire. — Cet appareil à feu nu sert pour la préparation des grillades et des rôties ; la partie inférieure forme une armoire en tôle vernie.

Bain-Marie. — Cet appareil comporte plusieurs compartiments munis de copettes en porcelaine ; il sert à réchauffer les tisanes, infusions, etc... préparées par petites quantités. Son chauffage est assuré par la vapeur.

Armoire chaude. — Cette armoire sert à réchauffer les plats et assiettes ou même les aliments préparés à l'avance. Elle comporte une enveloppe en tôle laquée avec portes roulantes à coulisses, des étagères intérieures en tôle perforée, et la partie supérieure forme table chaude pour entreposer les plats ou pour le service.

Le chauffage se fait au moyen de serpentins à vapeur placés à l'intérieur.

Laveries. — Le nettoyage de la vaisselle et la préparation des légumes se fait dans des rinçoirs en tôle galvanisée montés sur supports en fonte.

Ils sont munis d'une robinetterie d'eau chaude et d'eau froide et de bondes siphoïdes pour l'évacuation des eaux usées à l'égout.

Alimentation d'eau froide. — Chaque groupe de deux marmites est muni d'une colonne d'alimentation d'eau potable en fonte cannelée, avec manchette tournante nickelée permettant le remplissage de l'une ou l'autre marmite.

Le percolateur a son robinet particulier d'alimentation sous pression.

Préparation d'eau chaude. — Elle se fait dans un réservoir muni de deux serpentins : l'un d'eux reçoit les buées provenant des marmites à vapeur ; le second serpentin est alimenté par la vapeur directe provenant du générateur. De cette façon, le service d'eau chaude est assuré, même quand les marmites ne fonctionnent pas.

Il existe en outre des accessoires, tels que lavabos, poste d'eau chaude ou froide, éviers, etc. ; ces accessoires complètent l'installation générale et facilitent le service qui se fait d'une

CUISINE

façon très régulière et sans crainte de fausse manœuvre. Le réseau de canalisation de vapeur, d'eau potable, de vidange et d'égouts fonctionne d'une façon parfaite.

Toutes les parties de la cuisine sont facilement accessibles et le nettoyage de tout l'ensemble se fait avec la plus grande facilité.

En résumé, l'installation de la cuisine à vapeur telle qu'elle a été réalisée représente les derniers progrès de ce genre.

Une porte charretière donnant accès sur une rue latérale permet aux fournisseurs d'entrer toutes les matières premières pour la machinerie et la cuisine (charbon, viande, vin, bière, légumes, etc.)

Une petite voie Decauville avec plaque tournante facilite le transport à la cuisine et aux caves, qui renferment la boucherie de l'Etablissement.

Une seconde loge de concierge permet d'exercer une surveillance très active sur toutes les entrées et sorties par ce passage.

Les voitures d'ambulance remisées sous un hangar spécial, empruntent également cette voie pour les services de contagieux.

L'EAU

L'Hôpital a une citerne d'une capacité de cent mètres cubes affectée au service exclusif des chaudières. Pour l'usage général de l'établissement on emploie l'eau de Houlle, excellente eau de source qui alimente toute la ville de Dunkerque et la banlieue.

Cette eau provient des sources situées dans le département du Pas-de-Calais (commune de Houlle, non loin de St-Omer). Elle est très pure, ayant traversé un terrain crétacé qui lui a fait subir une véritable filtration. Les analyses chimiques et bactériologiques ont montré à plusieurs reprises qu'elle pouvait être employée en toute sécurité pour l'alimentation.

Après avoir été captée aux sources, elle est refoulée dans un réservoir situé sur le mont de Watten (Nord) qui présente une différence d'altitude d'environ 60 mètres avec la ville de Dunkerque. Elle arrive sous une pression élevée, ce qui permet d'utiliser directement les prises d'eau en cas d'incendie. Des postes ont donc été disposés en certains endroits de l'Hôpital. Il suffit d'y adapter une garniture avec lance pour avoir immédiatement un jet puissant et éteindre tout commencement d'incendie.

CUISINE

ÉVACUATION DES MATIÈRES USÉES
FOSSES SEPTIQUES

Un problème d'importance capitale se posait : où évacuer les matières usées et les eaux résiduaires, tous matériaux éminemment septiques ?

Il ne fallait pas songer à l'établissement de fosses fixes. Outre les dimensions qu'il aurait fallu leur donner, quel que soit le soin apporté à les rendre étanches, des fissures se seraient certainement produites, et les infiltrations auraient contaminé la nappe aquifère, infecté tous les puits du voisinage. On ne pouvait pas non plus rejeter directement, sans les avoir épurées, ces eaux chargées de bacilles typhiques et autres, dans le canal de Dunkerque à Furnes qui est situé à peu de distance de l'enceinte.

Après une sérieuse étude de la question, l'Administration écarta les différents procédés de stérilisation par les antiseptiques chimiques et adopta le système des fosses septiques (septics tanks) déjà employées depuis longtemps en Angleterre, vulgarisées en France par les publications et essais du Professeur Calmette, Directeur de l'Institut Pasteur de Lille.

On sait en quoi il consiste : Les eaux subissent sur des lits de scories l'action des microbes qui désagrègent les molécules albuminoïdes, les brûlent véritablement et les transforment en sels amoniacaux et autres, inoffensifs. C'est une véritable épuration biologique de l'eau.

Cette théorie a été mise en pratique de la façon suivante :

Tous les vidoirs, bouches d'évacuation d'eau, des baignoires, W. C., etc., se rendent par des canalisations souterraines à deux petites fosses qui reçoivent chacune les liquides d'une moitié de l'Hôpital.

Une pompe actionnée par la machinerie et fonctionnant constamment refoule dans ces fosses de l'air comprimé sous la pression de 1 kilogramme.

Par un dispositif automatique, toutes les huit ou neuf minutes environ, un robinet-vanne s'ouvre, et cinq cents litres d'eau sont envoyés sur les lits bactériens.

Ceux-ci sont disposés en étages, sur des massifs de béton, dans l'angle sud-est de l'enceinte de l'Hôpital, loin de tout pavillon.

L'épuration commence sur un premier lit, puis les eaux sont déversées sur un second, et de fétides et boueuses qu'elles étaient à l'arrivée, en sortent absolument limpides et sans odeur. Elles sont alors envoyées par un égout collecteur dans le canal.

Les lits épurent, d'après les relevés quotidiens, de 27 à 60 mètres cubes d'eaux résiduaires par jour. A titre de renseignement, donnons seulement les chiffres d'une semaine : sur 241 mètres cubes marqués au compteur d'eau à l'entrée, 206 ont été rejetés sur les fosses septiques ; la différence de 35 mètres cubes représente la quantité d'eau employée par la cuisine, l'arrosage, la vapeur perdue et autres emplois intérieurs.

Une objection s'était posée au début. On avait craint que les antiseptiques provenant des services de chirurgie, ou dissous dans les bains (bains de sublimé) n'eussent entravé l'action des microbes destructeurs. La pratique a montré que cette crainte était chimérique ; ces antiseptiques sont en effet dilués dans une quantité d'eau beaucoup trop grande pour exercer quelque action.

Bien plus, pour éviter toute odeur aux environs des lits bactériens, on a pu mettre un distributeur automatique qui additionne les eaux à l'entrée d'une quantité minime de chlorure de chaux qui n'entrave pas le processus de fermentation.

Ajoutons enfin que, pour empêcher les insectes de venir se poser sur les matières en décomposition, on a entouré les lits d'une véritable cage dont les parois sont faites de toile métallique à mailles très fines.

On voit donc qu'aucune précaution n'a été négligée pour assurer la sécurité publique. L'Hôpital, par son système d'isolement des contagieux, par son service de désinfection, par son épuration des eaux infectées, ne peut risquer d'être une cause de contagion pour le voisinage.

CHAPITRE III

FONCTIONNEMENT

Etudions enfin en quelques lignes le fonctionnement de l'Hôpital.

1° COMMISSION ADMINISTRATIVE

L'Hôpital est administré, conformément à la loi du 5 Août 1879, par une Commission composée du Maire, Président de droit, et de six membres désignés, quatre par le Préfet, deux par le Conseil Municipal.

Tous les ans, la Commission procède à la nomination d'un Vice-Président, d'un Ordonnateur de dépenses et d'un Tuteur pour les enfants. Ces mandats sont renouvelables.

Le rôle de la Commission est très étendu : il s'applique à tout ce qui touche au patrimoine hospitalier et à toutes les questions d'ordre intérieur. En matière financière ses délibérations sont soumises au contrôle du Préfet.

2° PERSONNEL

L'Hôpital a à sa tête un Directeur, délégué permanent de la Commission Administrative, sous les ordres duquel est placé tout le personnel.

Le Directeur surveille quotidiennement, sous le contrôle de l'Administrateur de mois, la marche des différents services. Il veille à l'ordre général, à la propreté et à la parfaite hygiène de l'établissement, dont il assure le bon fonctionnement.

Il pourvoit aux besoins les plus urgents.

Le service administratif de l'Hôpital est assuré, sous le contrôle du Directeur, par un Secrétaire, un Econome, un Receveur et plusieurs commis et expéditionnaires.

Le personnel médical comprend : deux médecins, deux chirurgiens et un médecin-accoucheur. L'un des chirurgiens a sous sa direction le service de la radiographie.

Les médecins et chirurgiens sont nommés pour cinq ans. Il y a en outre un interne et un pharmacien-chimiste chargé des analyses bactériologiques.

Deux sages-femmes sont attachées à la Maternité.

3° ADMISSION DES MALADES

L'Hôpital reçoit :

1° Les malades hospitalisés en vertu de la loi du 7 Août 1851 (indigents tombés malades sur le territoire de Dunkerque, à quelque commune qu'ils appartiennent).

2° Les malades hospitalisés en vertu de la loi du 15 Juillet 1893 (indigents des communes rattachées à la circonscription hospitalière de Dunkerque).

3° Les détenus (prévenus ou condamnés), dont l'état est trop grave pour qu'on puisse les soigner à la prison.

4° Les ouvriers d'usines, du port, des chemins de fer, etc., blessés au travail.

5° Les malades à la charge des Sociétés de Secours mutuels.

6° Les marins du Commerce, français ou étrangers.

7° Les femmes enceintes arrivées au terme de leur grossesse.

8° Des malades payants.

L'établissement reçoit aussi les personnes

mises en observation par l'autorité administrative pour maladies mentales.

Le nombre des entrants par jour varie entre 6 et 10.

4° LITS. — PRIX DE JOURNÉE

Le nouvel Hôpital de Dunkerque a 300 lits. Ce nombre est suffisant pour une population de 80.000 habitants.

L'entretien d'un malade (traitement compris) coûte environ 2 fr. 75 par jour. Le prix de journée pour les malades payants (régime commun) est de 3 francs. Pour les chambres particulières, les prix sont les suivants :

Services de Chirurgie et de Maternité. . 7 fr.
Services de Médecine. . . . . 6 fr.

Ces prix, qui sont susceptibles de révision, comprennent tous les frais de nourriture, pansements, opérations. Les malades ainsi traités ne sont pas au régime ordinaire de l'Hôpital. Leurs menus sont composés suivant les prescriptions médicales, comme ceux d'un malade de ville.

CONCLUSION

Pour édifier l'Hôpital, et le mettre en service, on a dépensé 1.600.000 francs. Nous ne comptons pas dans ce chiffre la valeur du terrain qui appartenait à l'Administration des Hospices. On nous permettra une comparaison avec d'autres Hôpitaux modernes.

L'Hôpital Boucicaut, construit à Paris en 1897, a coûté pour 160 lits (non compris l'achat du terrain) 3.125.000 francs.

Pour l'Hôpital Bretonneau, de création encore plus récente (1901), on a dépensé pour 244 *lits d'enfants* ou berceaux, plus de deux millions, auxquels il faut ajouter le prix du mobilier.

Nous pourrions poursuivre la comparaison avec des hôpitaux étrangers. Contentons-nous de résumer en un tableau le coût d'un lit.

A Boucicaut	le lit revient à	19.000	fr.
A Bretonneau	»	7.000	»
A l'Hôpital Friedrischau (Berlin)	»	9.113	»
A l'Hôpital d'Urban (Berlin)	»	6.200	»
A l'Hôpital de Hambourg	»	5.613	»
A Dunkerque	»	5.333	»

Le Professeur Courmont, de Lyon, qui fit partie d'une Commission chargée d'étudier sur place l'organisation d'un certain nombre d'hôpitaux étrangers, constata que partout l'effort de construction était intense. « Toutes les villes, » écrivait-il, *s'endettent* pour renouveler et » agrandir leurs hôpitaux ». A Dunkerque, nous ne sommes pas passibles de ce reproche. Nous avons maintenant un Hôpital qui n'a rien à envier à ceux qu'a visités la Commission des médecins lyonnais et qui n'a coûté à la Ville que 250.000 francs ! Tout le reste provient de donations particulières et de subventions de l'Etat.

En lisant le rapport du Professeur Courmont, nous avons de plus la satisfaction de voir les desiderata des membres de la mission réalisés à Dunkerque : « En Allemagne et au Danemarck, écrivait-il, le bien-être, l'hygiène du » malade sont au premier plan des préoccupations des architectes, des administrateurs, des » médecins. Beaucoup de chambres d'isolement » pour les agités, les mourants (qui ne meurent » presque jamais dans les salles), les tousseurs, » etc... Ce point de vue paraît avoir complète-

» ment échappé aux Parisiens. Nous n'avons
» trouvé ni à Boucicaut, ni à la Nouvelle Pitié,
» ni à Cochin des salles de repos ou d'enso-
» leillement pour les malades, ils en auraient
» cependant besoin plus qu'ailleurs, vu l'encom-
» brement... Nous avons vu partout des cham-
» bres payantes. Il faut, au plus tôt, remettre à
» Lyon cette question en discussion. La cham-
» bre payante s'impose pour le malade de
» fortune moyenne, pour le médecin et le
» chirurgien, qui pourront mener de front
» clientèle et service d'Hôpital. Ce sera tout
» profit pour les malades de l'Hôpital auxquels
» on pourra consacrer plus de temps, pour les
» revenus mêmes des Hospices, qui en seront
» augmentés ; à tout prendre, c'est encore le
» malade indigent qui en bénéficiera. Chaque
» service devrait avoir comme annexe un certain
» nombre de chambres payantes comme les
» anciennes chambres de l'Hôtel-Dieu (1) ».

C'était là précisément tout notre programme !

En effet, si nous récapitulons la distribution des salles de malades, nous trouvons :

---

(1) Dr Courmont, Professeur à la Faculté de Lyon (Lyon médical 1909).

		Salles : communes	payantes	isolées
Pour les Services Généraux	Maternité	2	2	2
	Fiévreuses	4	2	2
	Tuberculeuses	1		2
	Chirurgie Femmes	3	2	2
	Chirurgie Hommes	7	4	2
	Tuberculeux	1		2
	Fiévreux	4	2	2

De plus ces services possèdent :

22 salles de bains,
4 réfectoires,
3 vérandahs et une galerie vitrée et chauffée,
4 salles de repos, etc.

		Salles : communes	payantes	isolées
Contagieux	Hommes	4		2
	Femmes	4		2

avec six salles de bains

Varioleux	Hommes	2		2
	Femmes	2		2

avec six salles de bains.

Dunkerque peut donc se glorifier d'avoir un Hôpital moderne, capable de soutenir la comparaison avec ceux qui sont cités comme modèles.

Les malades ne considèrent plus l'hôpital avec terreur. La crainte de l'Hôpital-prison a disparu. Ces pavillons entourés de jardins les attirent. Depuis huit mois qu'il remplace le vieil établissement hospitalier, le nombre des entrées a doublé. L'effort que nous avons tenté n'aura pas été stérile, et nous avons la grande satisfaction d'avoir été utile à notre laborieuse Population Dunkerquoise.

Dunkerque, le 15 Avril 1910

POUR LA COMMISSION ADMINISTRATIVE :

Le Vice-Président,

ISIDORE MONTEUUIS

Commission Administrative actuelle

1909-1910

MM. Henri TERQUEM, Maire de Dunkerque,
Président de droit.

Isidore MONTEUUIS, *Vice-Président.*

Jean TRYSTRAM, *Ordonnateur,* *Membre*

Emile FESQUET, »

Alfred DETRAUX, »

Alfred GRANDY, *Tuteur des Enfants,* »

Ernest HAEUW, »

Directeur : M. Anthime RUYSSEN.

Service Médical

Médecine

M. le Docteur G. DURIAU, Médecin-Chef (Service de Médecine Générale).

M. le Docteur G. LANCRY, Médecin (Service des contagieux, maladies cutanées et vénériennes).

Chirurgie

M. le docteur G. RUYSSEN, Chirurgien en Chef (Service des hommes).

M. le Docteur L. LEMAIRE, Chirurgien (Service des femmes).

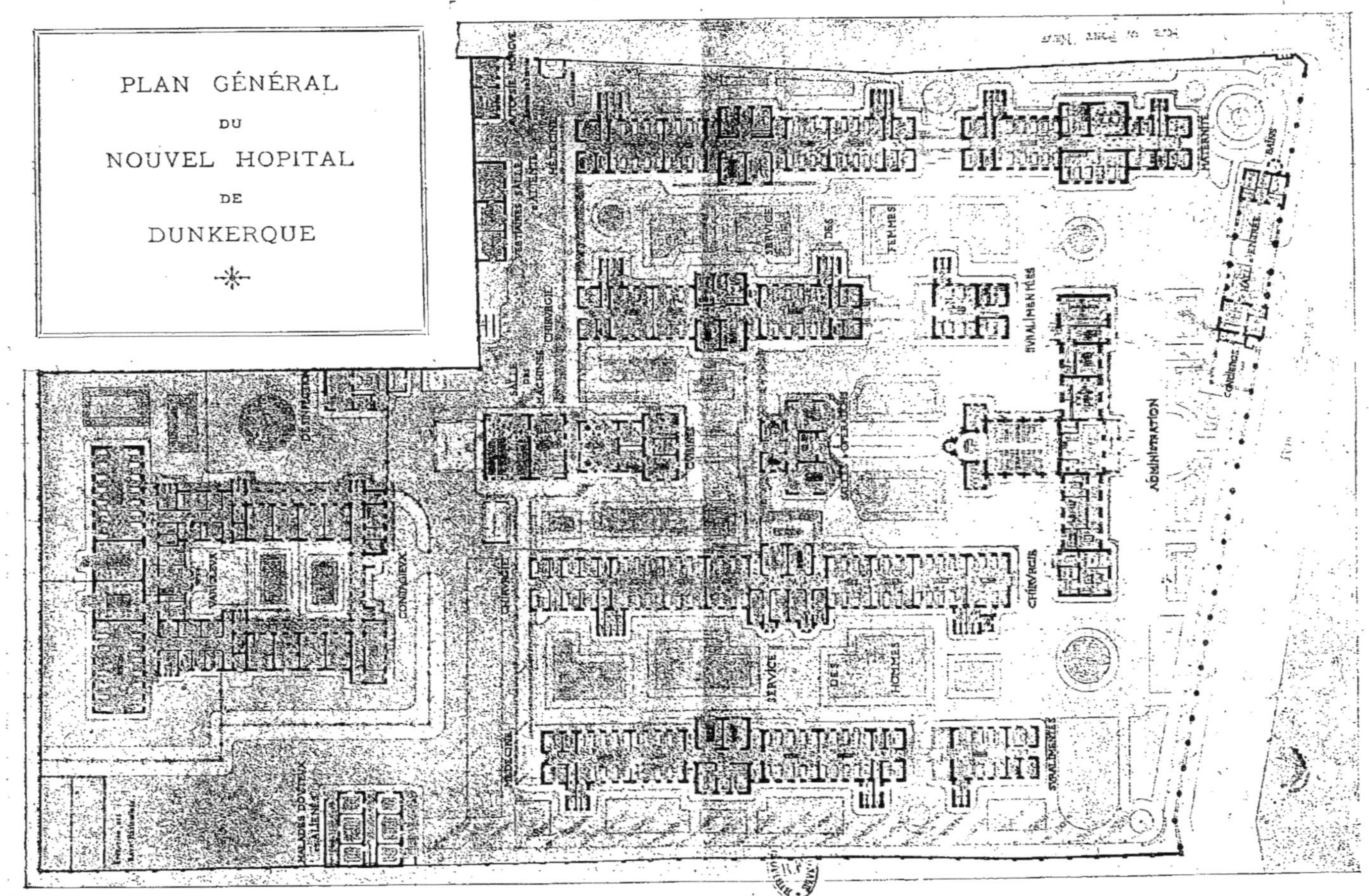
PLAN GÉNÉRAL
DU
NOUVEL HOPITAL
DE
DUNKERQUE
VARIOLEUX
DÉSINFECTION
MALADES DOUTEUX ET ALIÉNÉS
CONTAGIEUX
MÉDECINE
CHIRURGIE
SALLE DES MACHINES
CHIRURGIE
VESTIAIRES
SALLE D'ATTENTE
AUTOPSIE
MORGUE
MÉDECINE
CUISINES
SERVICE DES HOMMES
SALLES D'OPÉRATIONS
SERVICE DES FEMMES
SURALIMENTÉS
CHIRURGIE
SURALIMENTÉS
ADMINISTRATION
MATERNITÉ
CONCIERGE
HALL D'ENTRÉE
BAINS

Maternité

M. le Docteur G. DUVAL, Médecin accoucheur.

Interne : M. J. DUBUS.

Pharmacie

M. Ch. LEFEBVRE-MEYER, Pharmacien de 1re Classe.

Sœur Ste-MARIE-PAULINE, des Filles de l'Enfant-Jésus, Directrice du personnel infirmier.

Tableau des Administrateurs depuis 1720

Cornil Saus	1720
Armand Mesnel	»
Jean Drieux	»
Nicolas Balthazar	»
Jean Dezerable	»
Jacques Lemaire	»
Chrétien Schoutheer	1732
Pierre Desjardin	»
Louis Chomel	»
Maurice Gamba	»
Henri Gramon	»
Christophe Crogher	»
Pierre Looten	»
Daniel Joustel	1733
Henri Royer	»
Jean Vanhée	»
Claude Bettefort	1734
Jacques Larmus	1738
Pierre Chamonin fs	»
Cornil-Jacques Wœstyn	1739
Etienne Dupont	1740
Pierre B. de Baecque	1742
J.-B. Dezerable	1743
J.-C. Gauche	1744
Antoine-Joseph Maleize	»
J.-L. Henderycksen	1748
Pierre Ficquet	1750
Jean-Etienne de Chosal	1752
Charles Lombart	1755
Dominique Bonjean	1758
Guillaume Keetin	1758
Adrien Fiquet	1760
Henri Mouton	1761
François-Louis Douche	1763
Ph.-J. Lieven	1764
François Morel	1765
J.-B Desticker	1766
François Gernaert	1767
Pierre-Jean Gamba	1769
Ch.-A. Castelyn	»
Bertrand Thiery	»
Henry Edouart	1776-1802
Louis Louvat	1776
Louis D. Beke	»
Jacques Pol	1777
A. La Violette de Nerbec	1778
Charles-Louis Power	1779
Antoine Ch. Lointhier	1781
Pierre Reynaud	1785
Louis Regnard	1787
Joseph A. Macquet	1788
Guillaume Aget	»
J.-B. Lieven	1788-1821
Nicolas Peychiers	1790-1809
Pierre Salomez	1790
Pierre Liebaert	1790-1809
Antoine Figoly	1790-1824
Pierre Tacquet	1799-1826

P. F. Chamonin...	1801-1820	André Lemaire...	1832-1836
Dominique Carlier.	1801	H. de St-Laurent..	1832-1833
Pierre Debaecque..	1802	Amand Boutillier..	1833-1835
Jean Ch. Tacquet.	»	Constant Lieven...	1833-1834
Gaspard J. Boubert	»	Adolphe Alisse...	1833-1835
J.-B. Power......	1802-1813	Camille Buffin....	1834-1843
Philippe Lancel...	1802	A. de Clebsattel..	1836-1838
Emmery.........	»	Laurent Philippe..	1836-1841
C. C. Woestyn...	»	Jules Lemaire.....	1838-1852
Louis Debaecque..	1802-1821	Pierre Descroix...	1839-1843
L. Hendericksen..	1802-1819	Louis Quillacq....	1839-1859
Rouzet..........	1806	—	1861-1865
Doncquer de Kerguelin..	1806-1818	Louis Vandewalle.	1841-1856
Wackernie.......	1807	—	1858-1862
Vte de Guiselin...	1807-1818	—	1865-1870
de Saint Hilaire...	1807-1818	Jean Ch. Mollet...	1843-1845
J.-B. Gaspard.....	1807-1813	—	1866-1875
Philippe Cailliez..	1808-1822	Alexandre Thelu..	1844-1858
Pierre Degravier..	1810-1811	—	1860-1864
Amand Pol.......	1812-1813	—	1866-1871
Guillaume Olivier.	1813	Philippe Beck.....	1845-1855
J.-J. Philippe.....	1814-1819	—	1857-1861
Pierre Desticker...	1817-1820	—	1863-1878
J. Boulle-Delbaere.	1817-1832	Jules Pigalle......	1853-1857
Philibert Alard....	1817-1823	—	1859-1863
Doncquer de T'Serclofls.	1817-1829	Gustave Feron....	1856-1860
Florent Degravier.	1820-1821	—	1862-1866
Marc Dessurne....	1820-1822	—	1868-1904
J.-B. Morel-d'Arras	1820-1821	Alfred Morel.....	1862-1863
Zozime Choquet..	1824-1832	Alexandre Delval..	1863-1867
Joseph Poulain...	1825-1832	—	1873-1079
Degravier-Bonvarlet...	1830-1832	Alfred Deloince...	1870-1884
T. de Baecque....	1830-1832	Emile D'Arras....	1874-1879
O. Francoville....	1832-1833	Auguste Vesson...	1874-1879
Charles Kesner....	1832-1833	Louis Duvillier....	1874-1875
Auguste Artaud...	1832-1838	Martin Lootgieter.	1875-1879
Benjamin Morel...	1832-1832	A. Bouly de Lesdain...	1878-1879

Alex. Daigremont.	1879-1899	Julien Gourliau...	1891-1898
Ernest Vezien....	1879-1895	Eugène Beauvillain	1893-1900
Frédéric Duriau...	1879-1882	William James....	1895-1907
Emile Montigny...	1882-1891	René Hovelt......	1896-1908
Georges Ravinet..	1882-1884	Ed. Fockenberghe.	1898-1908
Jules Deman.....	1884-1885	Gabriel Beck......	1899-1904
Charles Lefebure..	1884-1896	Albert Chaveron..	1904-1908
Emile Demey.....	1884-1892	Henri Terquem...	1905-1908

N. B. — Depuis 1803, le Maire de Dunkerque est Président de droit de la Commission Administrative.

TABLE DES MATIÈRES

DUNKERQUE — IMPRIMERIE PAUL MICHEL.

www.ingramcontent.com/pod-product-compliance
Lightning Source LLC
LaVergne TN
LVHW020412230826
846091LV00004B/1256

9782012932753